LES EAUX D'ENGHIEN

PAR

le Dr CONSTANTIN JAMES

auteur du

Guide pratique aux eaux minérales

—

Il n'est point dans mes habitudes de consacrer à une eau minérale quelconque une notice spéciale en dehors de celle qui figure dans mon *Guide*. Si je fais ici une exception en faveur des **Eaux d'Enghien**, c'est que de Puisaye, leur regretté inspecteur, n'a laissé à leur sujet que des notes incomplètes. Or personne ne connaissait mieux que moi les règles et la mesure de sa pratique médicale; puisqu'en plus de l'intimité de nos relations (1), il nous fallait à tout instant nous concerter sur le traitement des malades à qui je conseillais les eaux dont il avait la haute direction. Le travail que l'on va lire est donc, par la communauté de nos idées, autant son œuvre que la mienne.

Ceci dit, j'entre en matière.

Enghien est situé à vingt minutes de Paris, au milieu d'une vallée délicieuse qu'abrite une véritable ceinture de gracieuses collines, et sur les bords d'un lac que bordent ou plutôt qu'en-

(1) De Puisaye était le neveu de Magendie, dont j'ai été, pendant plus de vingt ans, l'élève d'abord, puis le collaborateur et l'ami.

cadrent de ravissantes villas. Les eaux de ce lac sont vives et courantes, double condition de salubrité en ce qu'elles renouvellent l'atmosphère en même temps qu'elles la purifient. Il en est donc un peu du lac d'Enghien comme du lac de Tivoli, dans la campagne de Rome. De sa surface s'échappent de même de légères émanations sulfureuses, qui dénotent également la composition des sources qui l'avoisinent. Ces sources, en effet, sont minéralisées par le soufre.

Dans quel état le soufre existe-t-il dans l'eau d'Enghien? On admet généralement qu'il s'y trouve à l'état de sulfure calcaire; mais je crois, avec de Puisaye, qu'il s'y rencontre plus encore à l'état de gaz sulphydrique. Ce qui vient à l'appui de cette opinion, c'est que l'odeur et la saveur des eaux d'Enghien présentent la plus grande ressemblance avec l'odeur et la saveur de l'hydrogène sulfuré.

Quoi qu'il en soit, un point sur lequel tout le monde est d'accord, c'est que la proportion de soufre renfermé dans l'eau d'Enghien surpasse de beaucoup la quantité de ce métalloïde contenue dans les eaux sulfureuses les plus riches de la chaîne des Pyrénées.

Le tableau suivant, en même temps qu'il nous renseigne sur le degré de minéralisation de chaque source d'Enghien, nous permet de comparer ce degré avec celui que l'analyse a signalé dans les principales sources sulfureuses pyrénéennes :

Enghien	Pyrénées
Soufre net, sur 1.000 grammes d'eau	*Soufre net, sur 1.000 grammes d'eau*
Source du Lac 0.770	Luchon 0.324
Source du Nord 0.780	Baréges 0.165
Source du Roi 0.396	Cauterets 0.061
Source de la Pêcherie . 0.517	Saint-Sauveur 0.089
Source de Puisaye . . . 0.480	Eaux-Bonnes 0.086

Ainsi :
Le soufre contenu dans les Eaux-Bonnes et de
 Saint-Sauveur étant représenté par 1
Celui des eaux de Baréges sera représenté par . . 2
Celui de Luchon par 3 1/2
Celui d'Enghien par 7 1/2

Or je me porte d'autant plus volontiers garant de ces chiffres que j'ai examiné moi-même au sulfhydromètre les eaux d'Enghien, au mois d'août dernier (1876), et que je suis arrivé littéralement aux mêmes résultats.

Nous venons de dire que ces eaux sont minéralisées par des sels à bases calcaires. Elles renferment de plus des traces d'iodure de sodium, d'arséniate de soude, de borates, de phosphates, de manganèse et surtout de lithine. C'est donc à tous égards, comme qualité et quantité, une minéralisation des plus remarquables.

L'eau de toutes ces sources est froide et limpide. Sa saveur, légèrement hépatique, laisse un arrière-goût un peu amer auquel on s'accoutume facilement, même les enfants. Du reste, il est d'usage d'associer à l'eau soit un peu de lait, soit un sirop quelconque.

Deux sources surtout servent à la boisson, ce sont les sources du Roi et la source Deyeux. Toutes les deux sont captées dans une petite grotte attenant à l'établissement laquelle ne désemplit, autant dire, pas, pendant la saison thermale.

Quant à l'établissement lui-même, il a été récemment l'objet de travaux si importants et si intelligemment conduits, qu'il mérite d'être cité comme un modèle du genre. Il comprend quatre-vingt baignoires, la plupart en fonte émaillée ; toutes sont à trois robinets, l'un d'eau froide sulfureuse, l'autre d'eau ordinaire froide, l'autre d'eau ordinaire chaude. Pour préparer un bain de force moyenne, on met un tiers d'eau ordinaire à 80 degrés pour deux tiers d'eau sulfureuse froide. Veut-on obtenir des effets plus énergiques, on emploie l'eau minérale pure. Celle-ci est dirigée dans des baignoirs à double fond, où on la fait chauffer à l'aide de serpentins que traverse un courant de vapeur. Huit à dix minutes suffisent pour amener ainsi l'eau à une température convenable.

Ce mode de caléfaction est bien préférable à celui qui se pratique généralement au moyen de serpentins disposés dans des chaudières closes. C'est que l'eau sulfureuse est une de celles qui chauffées à un certain degré, se décomposent le plus facilement. Ici, au contraire, on s'arrête avant d'avoir atteint le degré où cette décomposition à lieu.

Notons également la disposition par laquelle l'eau monte directement par le fond de la baignoire. On évite de la sorte l'évaporation de l'élément sulfureux qui survient si souvent quand l'eau tombe d'un robinet.

Chaque baignoire est pourvue de douches à haute et basse pression, pouvant être associées aux bains ou données à l'exclusion de ceux-ci : elles sont descendantes ou ascendantes, utéro-vaginales, rectales.

En plus de ces douches annexées aux bains, il en est de complétement indépendantes, disposées dans des cabinets spéciaux, et représentant, par leur variété de force et de direction, toute une batterie hydraulique.

Enfin l'établissement hydrothérapique, qui fait partie également du grand bâtiment des Thermes, comprend comme pièce principale une vaste piscine.

Les douches ascendantes à jet unique ou à jets multiples, ayant une destination spéciale, se prennent dans des cabinets séparés. C'est également dans des cabinets séparés que l'on prend des bains partiels, tels que bains de siége à eau dormante ou à eau courante, chaude ou froide, et à jets circulaires; bains de pieds, bains de jambes, bains de bras, bains d'yeux, etc.

Il y a également des cabinets spéciaux pour la sudation qui, suivant les cas, est provoquée par l'enveloppement dans des couvertures ou par l'étuve sèche ; des cabinets de fumigation ; des cabinets de vapeur humide ou aromatique ; des bains russes, etc.

Mais je n'en finirais pas si je voulais tout énumérer. Qu'il me suffise de dire, une fois encore, que les thermes d'Enghien rivalisent, par leur installation, avec les principaux bains, tant français qu'étrangers.

Ils rivalisent également avec eux par la puissance et l'efficacité de leurs sources médicinales. C'est ce qui va ressortir des détails dans lesquels il nous faut maintenant entrer sur leur action thérapeutique.

Les eaux d'Enghien appartiennent à la classe des eaux stimulantes. Données à l'intérieur et à l'extérieur, elles produisent de l'accélération du pouls, une sensation de bien-être et de vigueur, une augmentation sensible d'appétit, et une activité plus grande dans le jeu des grands appareils.

Il est d'observation qu'elles conviennent surtout aux tempéraments lymphatiques et scrofuleux. On en obtient de même d'excellents effets dans le chlorose et l'anémie. Enfin les affections paralytiques et rhumatismales, les anciennes syphilis et les diverses altération du tissu osseux en retirent également les meilleurs résultats.

Mais il est deux classes de maladies dont le traitement constitue, on peut le dire, leur spécialité ; ce sont les dermatoses et les maladies de poitrine.

DERMATOSES. — Les dermatoses — on appelle ainsi les maladies de la peau — se présentent en très-grand nombre aux eaux d'Enghien ; celles sur lesquelles elles ont le plus d'action sont les diverses variétés d'eczémas, puis l'impétigo, le psoriasis, le pityriasis et l'acné.

C'est pour l'acné surtout qu'elles me rendent les plus importants services. Ainsi j'envoie la plupart des malades que j'ai traités par ma méthode (1) compléter leur cure à Enghien, et d'habitude ils s'en trouvent à merveille.

La médication a d'autant plus d'influence sur les dermatoses que les affections se rattachent au tempérament strumeux. Le mode d'emploi des eaux est pour beaucoup aussi dans le succès, car, suivant le degré et la forme de la maladie, il faut employer soit le bain seul, soit le bain combiné avec la douche, soit la douche seule, soit simplement la pulvérisation.

MALADIES DE POITRINE. — Nous comprenons sous ce nom les diverses affections si variées et si multiples qui ont pour siège l'appareil

---

(1) Elle se trouve décrite très en détail dans la dernière édition, la dixième, de mon *Guide aux eaux minérales*.

respiratoire, depuis la laryngite la plus simple jusqu'à la lésion pulmonaire la plus compliquée.

Les eaux d'Enghien ont cela de particulier qu'elles calment d'emblée la toux et l'enrouement, tandis que la généralité des autres eaux de la même classe les fait, au contraire, passer par une période plus aiguë, laquelle, il est vrai, emporte ensuite la maladie primitive. Cette action sédative immédiate s'explique, selon moi, par cette circonstance que c'est la chaux et non la soude qui forme le base des eaux d'Enghien.

Ces eaux, en raison de l'action qu'elles exercent ainsi sur la muqueuse aérienne, sont surtout indiquées contre les affections catarrhales du larynx et des bronches.

On les prescrira de même avec avantage contre les tubercules pulmonaires. Non pas que les eaux d'Enghien guérisent, pas plus que les autres, la phthisie confirmée, mais elles semblent avoir sur l'économie une action conservatrice en ce sens que, par le surcroît de vitalité qu'elles impriment aux organes respiratoires, elles les mettent pour un certain temps à l'abri des progrès du mal. Elles pourront même l'arrêter au point de prévenir sa marche ultérieur.

L'eau est surtout administrée en boisson. Cependant les bains ou plutôt les demi-bains, ainsi que les douches révulsives sur les extrémités inférieures agissent, de même, comme moyens adjuvants ; ils combattent ou préviennent les phénomènes congestifs vers les organes pulmonaires.

C'est à ce titre également que le séjour dans la SALLE D'INHALATION constitue un puissant auxiliaire de la cure. Un mot donc sur cette salle.

Figurez-vous une grande et large pièce, à la voûte élevée, dont le centre est occupé par une longue table ovale autour de laquelle les malades se tiennent assis : au milieu sont disposés cinq grands appareils de pulvérisation. Tout autour se trouvent fixés aux murailles dix petits instruments de formes diverses pour douches buccales et pharyngiennes. L'eau qui alimente la pulvérisation arrive directement du réservoir à l'aide d'une machine qui, lançant l'eau sur de petits disques où elle se brise, la projette ainsi sous forme de nuage dans l'atmosphère de la pièce. C'est ce nuage que les malades respirent, pour faire pénétrer les éléments minéralisateurs dans leur poitrine. Or telle est la fixité de l'eau d'Enghien que, malgré la déperdition du principe sulfureux résultant nécessairement de cette pulvérisation, elle reste encore sous cette forme plus riche en soufre que la source la plus sulfureuse des Pyrénées, même analysée à son point d'émergence.

Si j'insiste ainsi sur la salle d'inhalation d'Enghien, c'est qu'elle représente, on peut le dire, la médication topique de cette station; c'est

1.

que, de plus, c'est celle dont la population parisienne bénéficie davantage. Combien, au lieu d'entreprendre au loin des voyages fatigants et dispendieux, préfèrent rester tranquillement chez eux, se contentant de se rendre le matin aux thermes d'Enghien pour y prendre leur pulvérisation, leur bain ou leur douche, puis reviennent aux heures que réclament leurs occupations ou leurs affaires? Demandez-le plutôt aux avocats, aux hommes de bourse, et aux artistes de nos théâtres.

Tel est Enghien ; telles sont les immenses ressources que ses eaux offrent à la thérapeutique. Ajoutons que par la disposition naturelle des lieux et l'heureuse ordonnance des distrations, tout y charme, tout y retient, tout y séduit. C'est surtout d'Enghien que l'on peut dire : « Les eaux guérissent quelquefois, soulagent souvent et consolent toujours. »

NOTE [1]
SUR L'ACTION CURATIVE DES Eaux d'Enghien
par le docteur RAYER
Ancien Inspecteur de ces Eaux

I. MALADIES DES VOIES URINAIRES. — « J'ai constaté que l'eau sulfureuse d'Enghien, prise

[1] Cette note a été adressée au docteur Réveillé-Parise par le docteur Rayer, alors président de l'Académie de médecine, et médecin-inspecteur des Thermes d'Enghien.

en boisson dans les catarrhes de vessie, indépendants de corps étrangers, d'engorgements considérables de la prostate et de rétrécissement de l'urèthre, avait une efficacité réelle; et c'est probablement à de semblables cas qu'il faut rapporter la plupart des guérisons observées à d'autres sources sulfureuses, par d'autres médecins. J'ajoute que, par l'usage des eaux d'Enghien, on rend quelquefois plus durable la guérison de catarrhes de la vessie compliqués de rétention d'urine, et obtenue soit par la dilatation, soit par la scarification de l'urèthre.

II. « Presque toujours aussi on obtient des eaux d'Enghien, administrées en bains, en douches et en boisson, des effets salutaires dans le traitement de certains catarrhes de la vessie (avec rétention incomplète de l'urine et affaiblissement des membres inférieurs), qu'on observe, soit chez d'autres individus atteints de rhumatismes chroniques, soit chez d'autres individus affectés de pertes séminales ou d'une maladie de la moelle épinière.

III. MALADIES DE LA PEAU. — « Mes observations sur les eaux d'Enghien confirment encore en grande partie ce qu'on a dit de leur efficacité dans les maladies chroniques qui se manifestent à la peau; maladies généralement connues en France sous le nom de *dartres*.

Indépendamment de leur effet salutaire sur la constitution, les eaux sulfureuses, — celles d'Enghien en particulier — ont sur la peau une action qu'il convient quelquefois de rendre plus active en prolongeant la durée du bain, et qu'il est bon, dans d'autres cas, d'affaiblir soit en diminuant la durée de l'immersion du corps dans l'eau, soit en ajoutant à l'eau minérale de la gélatine ou une certaine quantité d'eau ordinaire.

IV. « Dans d'autres circonstances, et surtout lorsque les éruptions dartreuses étaient survenues après un long dérangement des fonctions digestives, en administrant les bains et les douches d'eau minérale d'Enghien pure, à une température élevée, on a imprimé un caractère d'acuité à ces éruptions, et parfois augmenté leur intensité ; puis on a vu la santé générale s'améliorer, les éruptions se flétrir et devenir de plus en plus rares.

V. « Plusieurs fois, à la vérité, j'ai vu les malades revenir l'année suivante, dans l'espoir d'un nouveau soulagement, le mal s'étant reproduit après quelques mois d'une guérison apparente. Au reste, ces déplorables récidives, je les ai observées sur d'autres malades après des cures faites à Louesches, à Cauterets, à Baréges, à toutes les sources renommées pour leur efficacité contre les affections dartreuses.

VI. Maladies des Voies respiratoires. — « L'eau d'Enghien peut être prise en boisson, avec succès, dans plusieurs maladies des organes de la respiration, et surtout dans certaines bronchites qui, après avoir débuté par un coryza, sont bientôt accompagnées d'un emphysème pulmonaire, inflammation particulière des voies aériennes qu'on voit quelquefois alterner avec des dartres à la marge de l'anus, aux oreilles et sur d'autres parties du corps. Dans ce cas, il convient presque toujours de porter graduellement la dose de l'eau d'Enghien à quatre ou cinq verres par jour. Le soulagement qu'elle amène ne peut être attribué à l'effet laxatif qu'elle produit quelquefois ; car j'ai vu la dyspnée, compagne de cet emphysème, cesser sans que l'effet purgatif eût lieu. Et, ce qui est plus remarquable, des malades qui, depuis plusieurs années éprouvaient habituellement de ces accès de dyspnée, soit à la fin de l'automne ou pendant l'hiver, n'en ont plus eu, ou n'en ont ressenti que de légers, dans le cours de l'année qui a suivi la cure.

VII. « L'eau d'Enghien, à la dose d'un ou deux verres par jour, pure ou coupée avec du lait, peut être substituée avec avantage, à Paris, à l'eau de Bonnes dans le traitement de la première période de la phthisie pulmonaire, surtout chez les individus d'une constitution lymphatique ou strumeuse.

VIII. Maladies des Voies digestives. — « Je ne suis pas encore à même de dire exactement les avantages et les inconvénients des des eaux d'Enghien dans le traitement des inflammations chroniques des voies digestives. Toutefois, j'ai constaté l'efficacité des bains sulfureux d'Enghien dans des cas d'appauvrissement de la constitution, survenus chez des individus nés de parents dartreux, ou qui avaient eu eux-mêmes antérieurement des dartres ; qui digéraient mal depuis plusieurs mois ou depuis plusieurs années, et qui avaient été traités, à diverses époques, pour des gastralgies ou des gastrites chroniques. Dans plusieurs de ces cas, le rétablissement des fonctions digestives n'a été que passager ; mais dans presque tous l'état général s'est amélioré, et l'on a remarqué une diminution de la maigreur et un accroissement des forces musculaires.

IX. Inflammation de la gorge. — « Vous savez, mon cher confrère, que les jeunes filles et les jeunes garçons d'une constitution molle sont souvent atteints d'inflammations aiguës ou chroniques des amygdales, à la suite desquelles les glandes restent engorgées, et quelquefois à un tel degré que les chirurgiens en pratiquent la résection pour remédier à la gêne qu'elles apportent à la déglutition et parfois à l'audition et à l'articulation des sons. Plusieurs fois j'ai vu, après une cure d'eau sulfureuse d'Enghein (dans laquelle l'eau était employée en gargarisme, en boisson et en bains), ces engorgements des amygdales disparaître complétement et les inflammations de ces glandes être beaucoup plus rares et même ne plus se reproduire.

X. MALADIES LYMPHATIQUES ET SCROFULEUSES. — « Les bains de mer et les eaux sulfureuses sont de puissants modificateurs des constitutions scrofuleuses. J'ai vu des malades atteints d'engorgements, d'ulcères fistuleux des ganglions lymphatiques sous-maxillaires, ou d'ulcères atoniques des membres, prendre avec le plus grand succès des bains de mer, après une cure faite à Enghien dans le mois de juin et de juillet; et d'autres, après une cure de bains de mer, venir faire un heureux usage des eaux d'Enghien. Et il m'a paru qu'il y avait, dans un assez grand nombre de cas, plus d'avantage à procéder ainsi qu'à faire pendant toute la belle saison, soit une cure uniquement sulfureuse, soit uniquement une cure de bains de mer; à cette occasion, je vous soumettrai une remarque sur un passage de Bordeu. « Je ne sais par quelle fatalité, dit-il, je n'ai vu que rarement des tumeurs et des glandes que nos eaux (les eaux de Baréges) aient complétement fondues et resoutes. »

XI. « Cette fatalité, on l'observe non-seulement à Baréges, mais à Enghien, mais à Uriage, mais aux bains de mer, partout enfin où l'on a à traiter de semblables engorgements. Lorsqu'ils sout anciens ou considérables, ils ne disparaissent complétement qu'après des mois et quelquefois des années de traitement. Tout ce qu'on peut espérer d'une cure sulfureuse, c'est de préparer la résolution de ces engorgements et de la voir lentement s'opérer à la suite de changements heureux apportés à la constitution par l'action des eaux minérales. Ce résultat, je l'ai plusieurs fois obtenu de l'emploi des eaux d'Enghien, et je ne doute pas qu'on ne l'ait obtenu à beaucoup d'autres sources sulfureuses. J'ajouterai que j'ai vu, à Enghien, les douches sulfureuses en arrosoir et à légère percussion, dirigées sur les parties supérieures et latérales du col, ou sous les aisselles, hâter d'une manière remarquable la résolution de certains engorgements strumeux.

QUELQUES CAS
DE MALADIES DES VOIES RESPIRATOIRES
traitées avec succès à Enghien
par le docteur BOULAND
Ancien Inspecteur des Thermes d'Enghien

Iʳᵉ OBSERVATION. — Madame la marquise de V... : Pharyngite granuleuse : la voix sourde et voilée ; la malade a subi des cautérisations au nitrate d'argent qui n'ont produit qu'une amélioration passagère. L'usage de l'eau d'Enghien fait sortir une dartre squameuse à la région thyroïdienne, et le mieux est maintenu.

2ᵉ Observation. — M. M..., notaire, envoyé à Enghien par MM. Meslier et Louis : Angine folliculeuse avec des symptômes qui peuvent faire craindre une phthisie. Des applications dérivatives, l'eau d'Enghien, le silence et le régime amènent la guérison complète à la deuxième saison.

3ᵉ Observation. — Une jeune cantatrice, envoyée à Enghien par M. Nacquart : Pharyngite granuleuse. Lotions locales et trois verres d'eau d'Enghien par jour. Rétablissement à la fin de la saison.

4ᵉ Observation.—M. X..., envoyé par M. Nacquart : Pharyngite granuleuse datant de trois ans. — Sentiment de chaleur locale et une grande fatigue en parlant. Lotions et boisson d'eau d'Enghien. Mieux progressif. Guérison à la troisième saison. — Le docteur Daremberg, que de grandes fatigues de cabinet avaient réduit à des symptômes encore plus graves, doit sa guérison aux douches d'eau d'Enghien-les-Bains.

5ᵉ Observation. — Madame D..., envoyée par le professeur Blandin, se destine au théâtre lyrique. Ses études opiniâtres ont fait perdre à l'organe sa flexibilité musculaire et sa délicatesse. Les cautérisations sont sans effet durable. Douches fraîches et bains à 33 degrés ; amélioration sensible de tous les symptômes.

6º OBSERVATION. — M. A... de L..., envoyé à Enghien par M. le docteur Collin : Laryngite aiguë apyrétique, aphonie, accès de suffocation. Toux incessante. Expectoration mucoso-sanguinolente. Deux verres d'eau sulfureuse matin et soir ; bains. Très-soulagé dès la première saison. Guérison soutenue dès la deuxième.

7º OBSERVATION. — M. M..., avoué, envoyé par M. le docteur le Fèvre : Laryngite profonde. Santé altérée par des maladies antérieures de caractère scrofuleux. — Suffocations par accès. Eau d'Enghien à dose graduée. Rétablissement dès la première saison. Après trois ans, la cure est complète.

8º OBSERVATION. — Madame P..., âgée de cinquante-sept ans, envoyée par M. Meslier : Catarrhe chronique des bronches. Dès la première saison, rétablissement. Elle y revient tous les ans pour réparer les désordres de l'hiver.

9º OBSERVATION. — Mademoiselle S..., dix-huit ans, envoyé par M. Patissier, qui en a rédigé l'observation, et par MM. Récamier et Louis : Engorgement du lobe supérieur du poumon gauche. Menstruation défectueuse, plusieurs symptômes de la phthisie. — Eau d'Enghien coupée de lait, bains mitigés, bains sulfureux. Rétablissement à la fin de la saison.

10ᵉ Observation (communiquée à l'auteur par M. Meslier de l'Académie). — M. M..., employé supérieur : catarrhe chronique de la poitrine. Extinction complète de la voix. Il arrive à Enghien, écrivant sur une ardoise pour se faire comprendre. Dès la première saison, mieux être sensible. La voix est rétablie. Il y est revenu trois saisons de suite. La cure s'est confirmée.

EXTRAIT DE LA CLINIQUE
du docteur DE PUISAYE
Ancien Inspecteur des Thermes d'Enghien

1° *Tubercules au 2ᵉ degré, caverne dans la fosse sus-épineuse gauche.* — Madame H***, 26 ans, née de parents phthisiques : expectoration peu abondante, sueurs nocturnes, appareil digestif en bon état. Après cinq semaines de traitement, disparition du gargouillement et de la pectoriloquie.

2° *Affection de la peau, eczéma.* — Madame M***, 38 ans, atteinte depuis un an d'une dartre humide. Le visage est recouvert de squames épaisses qui, en se détachant, laissent la peau rouge, excoriée et exhalant un liquide séro-purulent. Pas de cause héréditaire, Amélioration après le huitième jour, couleur jaune de la peau succédant à l'état humide, amélioration très-grande à la première saison, guérison à la seconde.

3º *Dans les affections chroniques des bronches,* les eaux d'Enghien sont pour ainsi dire spécifiques, les cas de guérison se comptant par centaines ; il en est de même dans les affections du larynx et du pharynx.

4º *Laryngite chronique.* — M. de B***, ancien préfet, 50 ans, sujet à des douleurs rhumatismales musculaires qui ont disparu, et à leur place est apparue une laryngite. Voix éteinte depuis dix-huit mois, expulsion d'une matière épaisse ; après quinze jours de traitement, M. de B*** recouvre la voix : la guérison s'est maintenue.

5º *Chlorose, Leucorrhée.* — Madame N***, adressée par les docteurs Laugier et Horteloup, 26 ans ; atteinte de chlorose, et suivant depuis longtemps un traitement tonique et ferrugineux. Depuis un accouchement récent, faiblesse générale, impressionnabilité nerveuse extrême, palpitations, perte de l'appétit ; accès hystériformes, leucorrhée sans déplacement ni engorgement utérin, menstruation régulière, sang décoloré, souffle au premier bruit du cœur. Madame N***, prend les eaux successivement avec les préparations ferrugineuses. Guérison complète à la suite de douches graduellement refroidies.

6° *Névroses, Névralgie sciatique, Ecthyma.* — M. R***, 32 ans, adressé par le docteur Jussin d'Elbeuf. Gêne douloureuse dans la marche ; sur la jambe droite quelques pustules d'ecthyma. Deux verres par jour de la source Deyeux, douche sur le trajet du nerf sciatique. Guérison complète.

7° *Asthme nerveux.* — M. R***, 50 ans ; adressé par le docteur Becquerel. Tempérament nerveux ; souffre depuis plusieurs années d'un asthme sans lésion pulmonaire ; apparition des accès sous la moindre émotion. Guérison à la suite de douches générales.

8° *Syphilide.* — M. X***, âgé de 26 ans, a contracté il y a deux ans, une syphilide dont les accidents ont été un chancre, des ulcérations sur les piliers du palais et des amygdales. Enfin une autre ulcération sur la cloison du nez. Obligé de cesser un traitement mercuriel, il fut envoyé à Enghien par M. Ricord. Après six semaines de traitement la guérison était complète.

Les EAUX D'ENGHIEN sont riches en observations remarquables ; il est rare qu'on rencontre un de ces praticiens qui honorent la médecine qui, pour sa part, n'en ait plusieurs à raconter.

OBSERVATIONS

COMMUNIQUÉES PAR

le docteur MARTIN de DEUIL

Médecin consultant à Enghien

1re OBSERVATION. — Madame Ch..., de Paris. Tempérament très-lymphatique : engorgement du corps et du col de la matrice, avec prolapsus et leucorrhée abondante remontant à une couche assez éloignée ; elle porte un pessaire depuis longtemps. Deux saisons à Enghien l'ont remise parfaitement de tous ces accidents.

2º OBSERVATION. — Madame la marquise d'E..., envoyée par M. Jobert de Lamballe : inflammation chronique de la matrice, avec augmentation de volume, pesanteur, abaissement et ulcérations du col. Asthénie marquée des deux nerfs sciatiques qui ne lui permettent plus de marcher depuis longtemps. Deux saisons à Enghien ; eau sulfureuse mise en usage selon tous les modes d'administration appropriés, jusqu'à l'injection de la douche ascendante. Amélioration très-remarquable. Madame d'E... marche assez aisément.

3º OBSERVATION. — Madame X..., cinquante ans. Ancienne maladie syphilitique : taches cuivrées sur tout le corps, et éruption de même nature aux parties génitales; ulcérations vaginales avec écoulement de sérosité sanguinolente. Grande amélioration après deux saisons; réduction de tous les symptômes à la troisième.

4º OBSERVATION. — Madame de M.... Gastralgie ancienne, douleurs précordiales, vomissements spasmodiques, œdème des extrémités, amaigrissement considérable et faiblesse telle que la malade ne peut pas se promener; souffrance continue. Eau d'Enghien en boisson, à dose progressivement croissante, jusqu'à trois verres par jour; bains généraux, douches locales. Tous ces accidents ont baissé dès la première saison et cédé après la seconde.

5º OBSERVATION. — Don Gonzalve, aumônier de la reine d'Espagne, quarante ans. Névrose du grand lymphatique, engorgement du foie, gastralgie intense. Réduction sensible de tous les symptômes après une saison à Enghien. Des nouvelles ultérieures nous ont appris qu'il est complétement remis.

6º OBSERVATION. — Madame de B.... Tumeur blanche au genou, d'origine postpuérale et laiteuse: éminemment lymphatique, incapable de locomotion propre, maladie très-avancée. L'eau minérale en boisson, bains, douches locales. Madame de B.... est partie à la fin de la deuxième saison en laissant ses béquilles.

7º OBSERVATION. — M. de S. V.... Ulcération

atoniques à l'un des genoux. L'affection remonte à plusieurs années, et l'on peut soupçonner une origine syphilitique. Après deux saisons de séjour à Enghien, et sans aucun autre remède que l'eau sulfureuse selon ses diverses applications et un régime convenablement prescrit, le malade se retira guéri.

JUGEMENT

SUR LES

THERMES D'ENGHIEN

par le docteur BAZIN

Médecin de l'hôpital Saint-Louis

« L'installation remarquable de l'établisse-
« d'Enghien, où l'on trouve toutes les res-
« sources nécessaires à l'administration des
« eaux, et la proximité de Paris, rendent les
« sources de cette localité, si intéressantes par
« elles-mêmes, encore plus précieuses.

« L'action des eaux d'Enghien est analogue
« à celle des eaux sulfurées sodiques des
« Pyrénées, et *nous ne la croyons pas infé-*
« *rieure.* »

EXTRAIT D'UN RAPPORT [1]

adressé au Ministre de l'agriculture

par le docteur MIALHE

Membre de l'Académie de médecine

M. le Docteur Mialhe s'exprime ainsi :

« A Enghien, la Compagnie d'exploitation s'est
« imposée les plus grands sacrifices pour assai-
« nir le lac, assurer l'émergence des sources,
« amener partout des eaux potables, embellir les
« environs, agrandir l'établissement des bains
« et pourvoir à des appareils d'hydrothérapie
« les plus perfectionnés, de sorte qu'à quelques
« minutes de Paris, se trouve actuellement une
« STATION SULFUREUSE DE PREMIER ORDRE. »

RÉSUMÉ DES OPINIONS

ÉMISES SUR LA VALEUR THÉRAPEUTIQUE

des

EAUX D'ENGHIEN

« Les maladies plus spécialement combattues
par les eaux d'Enghien sont assez nombreuses

[1] Rapport fait au Ministre de l'agriculture, au nom de la commission permanente des eaux minérales, composée de MM. CHEVALIER président, DUVERGIE, POGGIALE et MIALHE, rapporteur, sur le service médical pendant les années 1868-1869,

pour justifier leur réputation; nous n'en présenterons ici qu'un exposé très-rapide.

I. « Ainsi, ces eaux ont une efficacité incontestable dans les affections du système lymphatique, par conséquent dans les *scrofules*, les engorgements glanduleux, notamment chez les sujets pâles, bouffis, étiolés. L'eau d'Enghien est le fondant par excellence, lorsque son action est corroborée par l'hygiène et un régime approprié.

2. « La *leucorrhée*, ou les *flueurs blanches*, les écoulements par atonie, les affections chroniques du vagin et du col de la matrice sont heureusement influencés par l'usage de ces eaux, soit qu'elles agissent sur la partie malade, soit que, fortifiant l'estomac, l'effet local résulte d'une modification générale de l'économie.

3. « La *chlorose,* les pâles couleurs, contre lesquelles on ne peut pas toujours prescrire les préparations de fer, sont aussi influencées en bien par l'usage des eaux d'Enghein.

4. « L'*aménorrhée*, les suppressions de règles lorsqu'elles sont le symptôme d'un état atonique local, ou d'un défaut d'énergie générale avec disposition chlorotique, ne résistent pas à l'usage de ces eaux.

5. « La *gastralgie*, que cette névrose soit indépendante des écoulements utérins ou qu'elle s'y

rattache, se ressent promptement de l'action salutaire de ces eaux.

6. « Les *maladies de la peau* sous une infinité de formes cèdent à l'efficacité des eaux sulfureuses d'Enghien. C'est dans cette classe d'affections variées et parfois si rebelles, qu'elles exercent leur action thérapeutique la plus spécifique et la plus évidente.

7. « Les *rétrocessions exanthémateuses*, les dartres rentrées sont également combattues avec avantage par l'emploi de ces eaux.

8. « Les *ulcères chroniques* de nature atonique ou scrofuleuse, la *carie*, les *plaies scrofuleuses*, se guérissent ou s'améliorent constamment par l'usage persévérant de ces eaux qui ont la propriété d'activer la vitalité des tissus et de hâter, par le fait, la cicatrisation. Le Dr Bourdois cite, à ce sujet, l'heureux emploi qu'en fit Louis XVIII pour l'affection qui rendit si pénibles les dernières années de sa royale vieillesse.

9. « Les *gonflements articulaires goutteux*, pourvu que la maladie soit à l'état chronique, que les douleurs ne soient pas trop vives et qu'il n'y ait aucune disposition aux congestions viscérales, se ressentent aussi, dans la plupart des cas, de l'action thérapeutique des eaux d'Enghien; mais le régime hygiénique et la sobriété doivent concourir à ce résultat; sans cela, il serait plus qu'empirique de prétendre

que des eaux quelconques puissent réaliser une véritable modification thérapeutique sur de telles affections.

10. « Les *rhumatismes chroniques* peuvent aussi être largement classés parmi les maladies qu'il convient de traiter par l'eau minérale d'Enghien. On en a vu céder dès les premiers bains et les premières douches ; les adultes et les personnes avancées en âge sont celles qui ont paru en obtenir les meilleurs effets ; la raison physiologique en est facile à trouver.

11. « L'efficacité des eaux d'Enghien est non moins bien démontrée dans les *contractions* musculaires et tendineuses, dans les *névralgies*, surtout par cause sporique ou dartreuse ; dans les *ophthalmies* scrofuleuses et catarrhales ; dans la mélancolie et l'*hypocondrie* compliquées d'affections cutanées, comme l'a mis hors de doute M. le Dr Falret qui en a obtenu des succès inespérés.

12. « L'eau d'Enghien, employée comme collyre, peut remplacer avec avantage les pommades de précipité rouge, dont on fait généralement usage dans les inflammations chroniques ou strumeuses du bord libre des paupières.

13. « Les *affections catarrhales*, telles que la bronchite, la laryngite et les diverses phases de la pharangite chronique cèdent toujours

aux eaux minérales d'Enghien; ces eaux doivent ainsi être classées au premier rang pour le traitement de ces maladies.

14. « Dans la *phthisie pulmonaire*, les résultats thérapeutiques obtenus par les eaux d'Enghien sont nombreux. L'époque la plus favorable pour l'administration de ces eaux semble d'après de Puisaye être la deuxième période, en raison du ramollissement des tubercules.

15. « La *syphilis*. Les eaux d'Enghien sont employées avec succès dans la diathèse syphilitique et dans certains états pathologiques dus à l'influence de cette maladie. Elles conviennent également aux individus qui ont des signes apparents de syphilis constitutionnelle, et à ceux dont la santé est altérée par l'usage des mercuriaux, ou qui y sont restés réfractaires.

16. « Il est inutile de dire que, selon les cas morbides et les organes affectés, l'administration des eaux d'Enghien varie dans la dose intérieure et dans les divers moyens que la médecine peut indiquer pour l'extérieur. Ainsi, depuis les affusions et lotions, jusqu'à la douche de 70 pieds de haut en passant par les bains mitigés à tous les degrés de force minérale et de température, Enghien offre toutes les ressources que l'industrie peut mettre à la disposition de la science. »

DU MODE D'EMPLOI

DES

Eaux d'Enghien transportées.

Maintenant que nous voici suffisamment renseignés sur l'action des eaux d'Enghien, prises à leur émergence, entrons dans quelques détails sur leur emploi, loin de la source.

Bordeu disait à propos des Eaux-Bonnes : « Nos eaux sont comme les habitants de nos montagnes ; elles ne quittent pas volontiers leur patrie ; quand cela leur arrive, elles changent de caractère. »

Tels ne sont pas les effets produit par l'*émigration* sur les eaux d'Enghien ; elles voyagent, au contraire, même aux plus grandes distances, sans subir aucune atteinte, soit dans leur composition chimique, soit dans leur action médicinale. Aussi ces EAUX TRANSPORTÉES rendent-elles loin de la source presque autant de services qu'aux sources mêmes.

On les emploie surtout en boisson et en pulvérisation.

BOISSON

L'Eau minérale sulfureuse d'Enghien se prend en boisson depuis un jusqu'à cinq verres par jour ; la moyenne est d'un à deux verres.

On boit généralement l'eau, le matin, à jeun ; on peut la couper avec du lait de vache ou d'ânesse, ou l'édulcorer avec un sirop. Il est d'usage de mettre une demi-heure d'intervalle entre chaque verre.

Il ne faut pas cesser brusquement l'usage de cette eau. Quand on veut finir le traitement, il convient tout d'abord d'en diminuer les doses et même il est bon d'y revenir de temps en temps avant d'y renoncer.

Pour les affections pulmonaires ou pour les catarrhes chroniques des organes de la voix, l'exacerbation des symptômes, quand elle survient, ne doit ni effrayer ni décourager ; il faut, au contraire, continuer exactement l'usage de l'eau minérale, l'expérience ayant démontré que ces premiers effets de l'eau d'Enghien sont une sorte de prélude et de gage des bons résultats ultérieurs.

De toutes les affections qui cèdent à l'emploi de l'eau transportée d'Enghien, celles de la poitrine demandent qu'on les traite à petites doses, deux à trois verres par jour ; celles de la peau et du système lymphatique, au contraire, réclament de plus hautes doses à l'intérieur comme à l'extérieur, de quatre à cinq verres par exemple.

Cela se comprend : Dans le premier cas, il faut surtout modifier l'action locale des organes, et, dans le second, dépurer l'état général de l'économie.

La Compagnie des Thermes d'Enghien livre l'eau en quart de bouteille, demi-bouteille et bouteille entière, pour la facilité du traitement.

Lorsque le traitement ne réclame qu'un verre par jour, il est préférable de prendre des quarts de bouteille, le quart ne contenant qu'un grand verre. On évite de la sorte l'altération que l'air fait toujours subir à toute eau sulfureuse, quand les bouteilles restent en vidange.

PULVÉRISATION

La pulvérisation a pour objet de transformer l'eau minérale en une sorte de nuage, afin qu'elle puisse pénétrer sous cette forme là où elle ne saurait parvenir en substance. Ainsi, quand vous vous gargarisez, le liquide ne peut franchir l'arcade que représente le voile du palais; il ne saurait donc avoir d'action sur l'arrière-gorge, encore moins sur le larynx. Au contraire, quand vous lancez la poussière aqueuse dans la direction des voies aériennes, cette poussière s'insinue jusque dans les moindres excavations, imprègne la muqueuse, dissout les granulations, agit, en un mot, comme un puissant topique. Aussi ce moyen convient-il surtout pour les affections catarrhales.

L'eau d'Enghien est peut-être de toutes les eaux sulfureuses, celle qui est la mieux appropriée à ce genre de traitement. Elle le doit à la richesse et à la fixité de ses éléments minéralisateurs. Donnons quelques chiffres ; ils valent mieux que tous les raisonnements.

D'après un tableau dressé par la Société d'Hydrologie de Paris, le titre sulfurométrique de l'eau d'Enghien, avant la pulvérisation, est coté à 0,1800 et à 0,1500 ; ce qui donne une moyenne de 0,1650. Après la pulvérisation ce titre est descendu à 0,0568. Or, d'après ce même tableau, le titre sulfurométrique des eaux des Pyrénées, avant la pulvérisation, est à peine égal à celui de l'eau d'Enghien *pulvérisée*, et, après la pulvérisation, il lui est inférieur. Exemples :

		Avant la pulv.	Après la pulv.
Cauterets	César	0,0582	— 0,0565
	La Raillère	0,0440	— 0,0429
	Les Espagnols	0,0440	— 0,0460
Bonnes		0,0790	— 0,0523
Barèges		0,0580	— 0,0568
Enghien		0,1650	— 0,0568

Ainsi l'eau de Barèges seule possède, après la pulvérisation, un titre sulfurométrique égal à celui de l'eau d'Enghien.

Donc, au point de vue sulfurométrique, les eaux d'Enghien fournissent une poussière liquide aussi riche que celle que l'on obtient avec l'eau la plus riche des Pyrénées. Comment ne pas en conclure que, si les inhalations pyrénéennes sont bonnes et efficaces, celles d'Enghien ne peuvent leur être inférieures ?

Pastilles sulfureuses d'Enghien.

On est parvenu, au moyen de procédés fort ingénieux, à incorporer dans des pastilles les composés fixes résultant de l'évaporation des eaux d'Enghien ; aussi cette nouvelle préparation est-elle appelée aux mêmes usages que les eaux, à les suppléer quelquefois, surtout chez les enfants, et à en continuer l'action en dehors de la station thermale.

Ainsi, les pastilles sulfureuses sont efficacement employées dans les affections catarrhales en général, pour combattre une sécrétion viciée, soit dans sa qualité, soit dans sa quantité ; elles sont surtout utiles dans les affections catarrhales des voies aériennes, telles que la Bronchite, la Pharyngite et la Laryngite.

Comme les eaux d'Enghien, les PASTILLES sont un modificateur puissant pour les personnes tourmentées par une affection rebelle de la peau, et, comme elles aussi, elles combattent d'une manière efficaces la dyspepsie qui accompagne généralement ces maladies (Eczéma, Acné, Pityriasis).

Enfin, en raison des sels de chaux, de soude,

de potasse, de magnésie et d'alumine que ces PASTILLES renferment, elles s'adressent avec avantage à certains états physiologiques de l'intestin qui entraînent soit de la diarrhée, soit de la constipation par défaut d'équilibre.

SEJOUR D'ENGHIEN
HOTEL DES BAINS, CASINO

Voici dans quels termes Réveillé-Parise résumait ses impressions et son opinion sur le SÉJOUR d'Enghien :

« Là se présente aux regards le plus magnifique, le plus gracieux, le plus attrayant des spectacles. Un site délicieux, un lac d'une étendue proportionnelle ou paysage, des maisons élégantes et pittoresques dans leur construction, des jardins admirablement dessinés ; partout des fleurs, des arbres, des promenades, de l'ombre, de beaux effets de lumières ; quelque chose qui rappelle le climat le plus heureux, le pays le plus favorisé. »

Ajoutons que les malades trouvent dans l'HOTEL DES BAINS, qui est annexé à l'Établissement thermal, les appartements les plus confortables et dans les salons du CASINO, qui avoisine le lac, des récréations de tout genre et une société aussi variée que choisie.

TABLE

	Pages
Les Eaux d'Enghien, par le docteur Constantin James, auteur du Guide pratique aux eaux minérales.	1
Note sur l'action curative des eaux d'Enghien, par le docteur Rayer, ancien inspecteur de ces eaux.	10
Quelques cas de maladies des voies respiratoires traitées avec succès à Enghien, par le docteur Bouland, ancien inspecteur de ces eaux.	16
Extrait de la clinique du docteur de Puisaye, ancien inspecteur de ces eaux.	19
Observations communiquées par le docteur Martin de Deuil, médecin consultant à Enghien.	22
Jugement sur les thermes d'Enghien, par le docteur Bazin, médecin de l'hôpital Saint-Louis.	24
Extrait d'un rapport adressé au ministre de l'agriculture, par le docteur Mialhe, membre de l'Académie de médecine.	25
Résumé des opinions émises sur la valeur thérapeutique des eaux d'Enghien.	25
Du mode d'emploi des eaux d'Enghien transportées.	30
Boisson.	30
Pulvérisation.	32
Pastilles sulfureuses d'Enghien.	34
Séjour d'Enghien, Hôtel des Bains, Casino.	35

PARIS. — IMP. MOTTEROZ.

www.ingramcontent.com/pod-product-compliance
Lightning Source LLC
Chambersburg PA
CBHW070443080426
42451CB00025B/1325